FACEBOOK INSTAGRAM ADS

Sommario

FACEBOOK & INSTAGRAM ADS 1

Sommario 2

CAPITOLO 1 4

    Cos'è Facebook Business Manager 4

CAPITOLO 2 11

    Perché usare facebook business manager? 11

CAPITOLO 3 17

    Come creare un account su facebook business manager 17

CAPITOLO 4 25

    La prima configurazione 25

CAPITOLO 5 36

    Scegliere la campagna più adatta in base agli obiettivi 36

CAPITOLO 6 43

    Monitorare i risultati con il pixel di facebook 43

CAPITOLO 7 49

    La creazione della campagna 49

CAPITOLO 8 59
   La creazione del gruppo di annunci 59
CAPITOLO 9 71
   La creazione dell'annuncio 71
CAPITOLO 10 83
   La scelta del budget 83
EPILOGO 95

CAPITOLO 1

Cos'è Facebook Business Manager

Ormai, ai giorni di oggi, è di uso comune parlare di social network e del loro uso nell'ambito marketing. Infatti, ci sono tantissimi brand che ormai puntano su questi media digitali.

Il social di Zuckerberg, per l'appunto Facebook, rimane la piattaforma leader di tutto il settore, seguita poi da Instagram.

Tutti noi conosciamo Facebook, non molti hanno a che fare con il business manager.

Il business manager è una piattaforma dedicata a chi vuole usare la pagina aziendale per raggiungere i propri obiettivi e, quindi, non solo per condividere dei contenuti.

Con il business manager possiamo compiere numerose operazioni e, quindi, spaziare dalle campagne pubblicitarie o a degli annunci rivolti ad un pubblico personalizzato.

È uno strumento gestionale che ci permette di monitorare tutte le attività dei vari account oltre che creare delle sponsorizzazioni.

E' considerato uno strumento che può portare l'utente ad essere un vero e proprio marketer esperto, partendo da quella che è la sua posizione iniziale di un semplice frequentatore.

Infatti, si ricorre alla pagina aziendale esclusivamente per scopi di marketing, separando bene il profilo personale, usato principalmente per motivi di svago.

È molto importante mantenere separati i due profili: quando ci iscriviamo al facebook business manager, tutti i colleghi, che non sono amici su Facebook, non possono vedere il nostro profilo personale, ma potranno avere solo l'accesso alla mail di lavoro e vedere le pagine di business manager sulla nostra piattaforma.

Principalmente i professionisti e le aziende si avvicinano all'uso del facebook business manager per tre motivi principali:

- gestire i professionisti e i collaboratori, poiché possiamo dividere i vari ruoli, assegnare i lavori e controllarne lo stato di quest'ultimo;

- personalizzare il target e progettare le varie inserzioni, poiché attraverso questa piattaforma si possono creare annunci personalizzati per interessi, età, sesso, località e tutto ciò, a seconda dell'obiettivo che si voglia realizzare. Inoltre possiamo creare le varie inserzioni sui prodotti o servizi che offriamo, dando la possibilità agli utenti di decidere in un secondo momento se completare o meno l'acquisto;

- sfruttare funzionalità uniche, poiché facebook business manager propone dei servizi che non sono accessibili normalmente, come ad esempio i pixel o i pubblici target.

Ovviamente, prima di accingerci ad usare facebook business manager, è molto importante avere un'adeguata formazione per sfruttare al meglio le potenzialità di codesta piattaforma.

È uno strumento che, se usato bene, può semplificarci la vita, anche perché nella realtà di tutti i giorni diventa sempre più indispensabile. Si tratta dell'unico tool che permette di centralizzare e gestire il tutto in una sola opzione, evitando quindi di accedere da più parti.

Il business manager è fortemente consigliato a tutte le agenzie che gestiscono più account pubblicitari e pagine, a brand con più pagine, a brand che lavorano con partner ed agenzie, a siti o blog che devono condividere pubblici personalizzati o video, a brand che lavorano in e-commerce.

Ovviamente esistono anche degli svantaggi, e tra questi possiamo menzionare:

- Bug, poiché sono in continuo aggiornamento, essendo la piattaforma in continua evoluzione;

- Set up, poiché andrebbe fatto da una persona che lavora nell'azienda per la quale è creato il business manager e che abbia intenzione di rimanere in quanto non potrà più essere rimosso;

- impossibilità di rimuovere gli account pubblicitari, poiché una volta aggiunti al business manager non potranno più essere tolti;

- difficoltà nell'eliminare le pagine aggiunte, poiché si possono togliere ma la procedura rimane ancora molto ostica;

- non si possono commentare le recensioni, poiché una volta entrati nel business manager non abbiamo l'accesso a tale opzione;

- usabilità, poiché essendo in continuo aggiornamento e miglioramento si sta ancora aspettando per definirlo un'esperienza unica e fantastica.

Nonostante ciò, senza ombra di dubbio, rimane comunque la piattaforma ad uso lavorativo più rivoluzionaria che abbiamo ai giorni di oggi.

Infatti, oggi, qualunque professionista che si affacci nel mondo del marketing avrà bisogno di usare questa piattaforma e, anche se inizialmente non ci si rende conto, il primo passo da fare in business manager non riguarda la gestione delle risorse, ma la giusta organizzazione degli utenti che collaboreranno insieme nell'azienda, ognuno dei quali avrà obiettivi e responsabilità diverse.

CAPITOLO 2

Perché usare facebook business manager?

Il facebook business manager ha portato ad una sorta di professionalizzazione di tutti i processi e strumenti legati al facebook marketing.

Infatti, grazie a tale strumento, le aziende hanno iniziato a gestire in modo più sicuro e professionale.

Con il facebook business manager possiamo usare i pubblici personalizzati creati da file, condividere gli stessi, condividere facebook pixel o dati dalle conversazioni offline, verificare il dominio, creare gli event source groupe, usare i cataloghi.

Quindi, possiamo dire, che è indispensabile per tutti coloro che vogliono gestire pagine e account facebook.

Grazie al facebook business manager possiamo avere un quadro ben preciso di tutti gli asset aziendali, e quindi visionare tutti i vari accessi ed eventualmente revocarli con un semplice click.

Inoltre, è possibile creare più account pubblicitari e pagine con facilità.

Il vero professionista, che fa facebook marketing seriamente, non può fare a meno del business manager, proprio perché così si ha un controllo completo sulle varie aziende oltre che semplificarci la vita.

Così riusciamo anche a fidelizzare il cliente: un numero sempre più grande si rivolge ai messaggi istantanei delle pagine facebook delle aziende per soddisfare le proprie richieste, invece di usare i call center.

Con facebook business manager la comunicazione con i clienti è molto più facile e chiara perché si instaura immediatamente un rapporto diretto tra cliente ed azienda, fattore che viene giudicato positivamente in termini di risoluzioni dei problemi.

Inoltre, dobbiamo precisare che una pagina facebook rispetto ad un sito web presenta dei vantaggi differenti.

È più facile la creazione a differenza dei siti web dove, invece, sono richieste delle competenze tecniche specifiche e di conseguenza dei veri professionisti del settore.

Inoltre, la pagina facebook è più ricettiva perché riesce ad abbracciare un gran numero di utenti.

Il business manager ha quattro grandi pregi:

- sicurezza;

- privacy;

- condivisione;

- organizzazione.

A questi va aggiunta la possibilità di usare i pubblici personalizzati e i cataloghi per le campagne marketing su Facebook e su Instagram.

Usare questa piattaforma può portare diversi benefici alle nostre campagne marketing quali:

- Branding, cioè l'insieme di tutte le strategie che riguardano la gestione di un'azienda o di un marchio. La natura di facebook spinge molto sul tasto mi piace e, non essendoci il tasto non mi piace, fà in modo che l'utente si esprima sempre e solo in modo positivo ed esprima giudizi solo su quello che realmente gradisce. Quindi il tasto mi piace permette di sviluppare il branding, diminuendo i costi dell'attività e aumentando i profitti;

- Storytelling, cioè la creazione di una storia in grado di appassionare gli utenti. Uno strumento da sfruttare al massimo se vogliamo ottenere un certo livello di rendimento dal nostro facebook;

- fidelizzazione del cliente, non solo per creare interesse verso la nostra proposta, ma soprattutto mantenerlo. La fidelizzazione si basa principalmente su una comunicazione chiara, sul rapporto diretto tra azienda e cliente, e sulla ricompensa alla fedeltà.

Usare il business manager, quindi, non solo per creare campagne pubblicitarie ma, anche e soprattutto, per sviluppare un pubblico personalizzato a cui mostrare i propri annunci.

Le campagne pubblicitarie hanno bisogno di una serie di fattori per funzionare e produrre risultati soddisfacenti, altrimenti spenderemo solo soldi inutilmente.

Senza il business manager essere su facebook avrà poco senso se lo scopo è quello di rendere redditizia una pagina aziendale. Ogni elemento può rendere unica la creazione di una campagna pubblicitaria.

Inoltre, il business manager ha reso i processi legati al facebook marketing molto più professionali e razionali.

CAPITOLO 3

Come creare un account su facebook business manager

Saper creare un account su facebook business manager è uno degli obiettivi principali di tutti i professionisti di questo settore.

Prima di creare un account bisognerebbe avere una propria pagina aziendale su facebook.

A tal scopo possiamo citare i passaggi più importanti:

- entrare nell'account personale di facebook e cliccare su "crea pagina" nella parte in basso a sinistra;

- esistono sei opzioni per scegliere il tipo di pagina che si vuole creare;

- scelta la pagina, possiamo completare i dati richiesti;

- scrivere il nome dell'attività;

- configurare la fan Page, e quindi scegliere un'immagine del profilo e una di copertina;

- configurare gli accessi diretti e il pubblico da raggiungere.

Una volta creata la pagina, avremo a disposizione varie opzioni per ottimizzare la pagina stessa.

La prima consiste nell'invitare i nostri amici a mettere il mi piace al nostro lavoro, e poi possiamo creare il nome utente della pagina. Risulta fondamentale inserire delle risposte immediate per i messaggi.

Successivamente possiamo visionare tutte le varie opzioni di cui facebook dispone.

Partiamo dalla pagina che è il fulcro di tutto quello che le persone andranno a visualizzare. Al di sopra di questa esistono diverse opzioni, tra cui creare una diretta, un evento o un'offerta per il nostro prodotto.

Dal menù posto sotto l'immagine copertina si può accedere a diverse aree:

- pagina;
- posta;
- notifiche;
- insights;
- strumenti di pubblicazione;
- centro inserzioni;
- altro;
- informazioni della pagina;
- impostazioni;
- assistenza.

Dal menù a sinistra si potrà accedere, invece, a:

- post;

- eventi;

- recensioni;

- video;

- foto;

- informazioni;

- community;

- gruppi;

- offerte.

Quindi, avendo stabilito come si crea una pagina aziendale, si potrà procedere a creare l'account di facebook business manager per gestire le promozioni e gli annunci.

Gli account di Facebook Business Manager vengono creati con il nostro profilo personale poiché questo è l'unico modo per verificarne l'identità. Il processo è simile al collegamento su facebook ed è totalmente gratuito.

Per creare un account di Facebook Business Manager dobbiamo seguire i seguenti passaggi:

- accedere a business.facebook.com;

- cliccare su crea un account;

- specificare il nome dell'attività, selezionare la pagina principale e scrivere il nome e l'indirizzo di posta elettronica aziendale;

- completare i campi obbligatori.

È possibile creare solo due account business manager. Qualora ne servissero altri, bisognerà collaborare con un altro membro dell'organizzazione per creare altri account business manager.

Una volta aggiunto un account pubblicitario su facebook business manager non è più possibile rimuoverlo, per cui occorrerà fare molta attenzione se si aggiungono account di cui non si è proprietari. Ora è possibile collegare anche l'account Instagram. Dopo aver impostato inserzioni a pagamento, sarà possibile aggiungere fino a cinque account pubblicitari. Quando esistono molti clienti, sarà possibile aggiungere collaboratori per suddividersi i compiti a aiutarsi nella gestione della piattaforma. Avendo la possibilità di scegliere tra account dipendente ed account amministratore, si potranno assegnare diversi ruoli e limitare le azioni per ogni singolo account.

Quando aggiungiamo una persona, permettiamo al singolo individuo di partecipare a tutte le attività che riguardano il business manager, invitandolo tramite il suo indirizzo email: questo si potrà definire a tutti gli effetti il titolare dell'azienda o un suo dipendente.

Una persona potrà avere due livelli di autorizzazione:

- amministratore;
- dipendente.

L'amministratore ha pieno accesso alla piattaforma, mentre il dipendente viene allocato sulle risorse da un amministratore e non può agire ovunque. Quindi sarebbe bene aggiungerlo al business manager come un secondo amministratore.

Esistono anche i partner, ovvero le aziende con le quali avviamo le nostre collaborazioni. Aggiungendolo, potremo permettergli di collaborare sul business manager su determinati risorse. Un partner non può vedere né il nostro business manager né può accedervi, ritrova solo la singola risorsa direttamente nel proprio business manager. Inoltre non può accedere all'amministrazione del business manager del proprio cliente e, nello stesso tempo, il cliente potrà eliminare l'accesso del partner alla singola risorsa in qualsiasi momento voglia.

Per controllare eventuali variazioni sui ruoli, potremo farlo nella homepage della piattaforma alla sezione attività.

Una volta che l'utente si troverà all'interno della piattaforma sarà possibile assegnarli una o più risorse sulle quali lavorare, definendo il livello di autorizzazione.

Quindi, per una pagina facebook, avremo i livelli di amministratore, editor, moderatore, inserzionista e analista. Per un account pubblicitario avremo i livelli di amministratore, inserzionista e analista.

CAPITOLO 4

La prima configurazione

Una volta che abbiamo creato un account su facebook business manager, possiamo aggiungere una pagina, ma solo se siamo gli amministratori della pagina facebook. Il processo è molto semplice. Basterà accedere al nostro facebook business manager, cliccare su impostazioni dell'azienda in alto a destra e saremo reindirizzati alla finestra di configurazione del nostro account.

Troviamo l'account sul lato sinistro e clicchiamo su pagine e poi su aggiungi.

Nella parte superiore dello schermo appare, appunto, il nome con il quale ci siamo registrati, e successivamente, quando avremo preso dimestichezza con la piattaforma, si potranno anche inserire i nomi dei dipendenti o comunque di altre persone, alle quali affidare la gestione delle risorse.

A questo punto non dobbiamo far altro che inserire il nome della nostra pagina facebook o incollare il suo indirizzo. Così troveremo la pagina nelle nostre risorse.

Per quanto riguarda Instagram, sappiamo bene che si tratta di una delle piattaforme più sviluppate nel contesto business, con lo scopo di rivolgersi a tutti gli account che desiderano aumentare le proprie possibilità di vendita.

Infatti, Instagram, si è sempre caratterizzata come la piattaforma con il più alto tasso di interazione riguardo i contenuti pubblicati dagli utenti e, a parte Facebook, è quella che mette a disposizione più strumenti delle aziende.

Quindi, per creare e pubblicare inserzioni su Instagram, abbiamo bisogno di un account Instagram, ed esistono diversi modi per crearlo e pubblicare inserzioni, ma in particolar modo sarà possibile aggiungere un account instagram al facebook business manager. Questa è sicuramente l'opzione migliore nel caso disponiamo di più account instagram.

Un account instagram professionale deve rispettare alcuni requisiti, e cioè:

- conformità alle normative, poiché deve essere conforme alle condizioni d'uso e alle linee guida della community di Instagram;

- rappresentazione di azienda e dominio, poiché ci devono essere annunci di prodotti disponibili per l'acquisto diretto dal nostro sito web o dalla funzione di acquisto su instagram;

- localizzazione in un mercato supportato; poiché deve trovarsi in uno dei mercati supportati per la vendita di facebook;

- dimostrazione di affidabilità, poiché devo provare l'affidabilità attraverso una presenza unica e consolidata.

Ovviamente, per collegare l'account Instagram alla nostra pagina di facebook business manager, dobbiamo prima trasformare il nostro profilo instagram da personale ad aziendale.

Per quanto riguarda facebook, è possibile aggiungere una pagina aziendale di facebook già esistente o è possibile crearne una nuova.

Creare una pagina da zero sarà molto facile: basterà cliccare su crea pagina e compilare tutti i dati richiesti. Inoltre, qualora non volessimo più gestire una pagina dal business manager, basterà cliccare su elimina, ma la piattaforma impiegherà quindici giorni per eliminarla completamente dal social.

Se gestiamo pagine facebook per clienti o altre attività commerciali possiamo richiederne l'accesso. Anche se è possibile usare facebook business manager per gestire le pagine facebook e i vari account, è importante usare l'opzione richiedi accesso quando si tratta di pagine non nostre, ma che gestiamo.

Se stiamo già usando gli annunci di facebook, possiamo collegare l'account pubblicitario esistente dalla dashboard di facebook business manager.

Se, invece, non abbiamo un account di annunci facebook, dobbiamo crearne uno.

Dopo aver aggiunto delle pagine al facebook business manager, sarà necessario aggiungere anche un nuovo account pubblicitario. Inizialmente ci sarà la possibilità di poterne aggiungere soltanto uno, e poi, man mano che le spese aumenteranno, se ne potranno aggiungere altri.

Il meccanismo per aggiungere un account pubblicitario è facile e può essere fatto in tre modi:

- aggiungere un nuovo account pubblicitario se ne abbiamo già creato uno dove pianificare le nostre campagne, ma per fare ciò, dobbiamo essere il proprietario o amministratore nel facebook business manager;

- richiedere l'accesso ad un account pubblicitario se stiamo gestendo una campagna per delle società esterne che abbiano già dei propri account;

- creare un nuovo account pubblicitario se, appunto, dobbiamo iniziare da zero.

Quando si creano delle campagne non esistono restrizioni.

L'unico limite è che potremmo avere una fattura emessa solo ad una società, anche qualora impostassimo annunci per due o più clienti.

Il facebook business manager è anche importante per la gestione del pixel, cioè un pezzetto di codice da inserire nel sito web e che permette di registrare le conversazioni, creare pubblici personalizzati e analizzare i dati statistici.

Con il nostro account di facebook business manager possiamo creare massimo dieci pixel.

Vediamo, prima, come creare il pixel di facebook da business manager. Per fare ciò dobbiamo essere amministratori dell'account, quindi, accedere alla sezione informazioni, selezionare la voce pixel e poi crea pixel.

Possiamo crearlo in tre modi:

- senza codice;

- installando manualmente il codice;

- inviando il codice allo sviluppatore del nostro sito web.

La configurazione del pixel richiede due tipi di codice:

- codice di base del pixel;

- codice delle azioni standard.

Per autorizzare altre persone ad accedere al nostro pixel dobbiamo essere per forza proprietari di un account facebook business manager.

Quindi, per assegnare una persona al nostro pixel dobbiamo:

- collegarci al business manager;

- sezione misurazione e report;

- pixel;

- scegliere il pixel di nostro gradimento;

- condividi;

- aggiungi persone o assegna account pubblicitario;

- scegli il ruolo nel caso di persone;

- salva modifiche.

Per quanto riguarda i ruoli da assegnare al pixel ne esistono due in particolare:

- editori del pixel, che possono vedere le informazioni che riguardano il pixel ed apportarne delle modifiche;

- analisti del pixel, che possono vedere le informazioni che riguardano il pixel ma non possono apportarne delle modifiche.

Infine, per la configurazione dei pagamenti su facebook business manager, ricordiamoci che ogni conto pubblicitario assegnato è regolato su base prepagata.

Quindi, prima viene fissato il limite di spesa sul proprio conto, e dopo si può ricaricare il proprio budget.

Per aggiungere un metodo di pagamento al facebook business manager andiamo su impostazioni dell'azienda, poi su pagamenti ed infine su aggiungi.

Esiste anche l'opzione che prevede la richiesta di un prestito pubblicitario, cioè dei fondi necessari per avviare una campagna pubblicitaria più complessa.

Discorso a parte va fatto, invece, per i domini. Se abbiamo un nostro sito dovremo inserire anche quest'ultimo. Ovviamente, prima ci accerteremo che sia affidabile al 100%, non di secondo livello e non gratuito.

Per aggiungerne uno, clicchiamo a sinistra su dominio e poi aggiungi dominio. In realtà questa operazione non è del tutto fondamentale perché si potrà fare anche dalle impostazioni di configurazione, quando andremo a creare le inserzioni pubblicitarie.

Infine, ricordiamoci che si potrà accedere all'account pubblicitario solo dal sito ufficiale e non attraverso link che ci rimandano alla pagina. Sarebbe da evitare di accedere da tanti indirizzi ip diversi e sarebbe opportuno effettuare il pagamento tramite un solo ip, in modo tale che tutte le transazioni importanti provengano sempre dalla stessa postazione.

Tutte queste accortezze sono molto importanti poiché le misure di sicurezza di facebook sono altissime. Se terremo a mente tutte queste considerazioni, potremo passare a creare le campagne pubblicitarie su facebook business manager e a gestire le pagine aziendali al meglio.

CAPITOLO 5

Scegliere la campagna più adatta in base agli obiettivi

Gli obiettivi disponibili per le campagne sono tanti.

Sono tutti specifici ed ognuno di essi ha le proprie caratteristiche, i propri pregi e difetti.

Tutti quanti sono perfetti per rispondere ad una determinata esigenza.

Ovviamente occorre sempre pianificare tutto in partenza.

L'obiettivo è la base per ogni facebook ADS, quindi, sceglierlo nel migliore dei modi permette di costruire una campagna di successo.

Una volta selezionato, l'obiettivo non è più modificabile. Qualora ci accorgessimo di aver commesso un errore o semplicemente volessimo cambiarlo, dovremo interrompere la campagna e iniziare una nuova con un altro obiettivo.

Le categorie di campagne Facebook sono divise in tre grandi aree:

- notorietà;
- considerazione;
- conversione.

Si tratta di un funnel marketing, cioè un percorso che il cliente andrà a fare per compiere l'azione che ci aspettiamo da lui. Il funnel marketing si compone di quattro momenti importanti:

- attenzione;
- interesse;
- decisione;
- azione.

Facebook ci permette di avere un pubblico con un livello alto di attenzione. I facebook ADS, poi, ci permettono di indirizzare il messaggio ad un pubblico che è già interessato al mercato, e questo ci permette di entrare nel funnel marketing.

Tornando alle campagne, iniziamo a parlare di quelle di notorietà.

Queste sono considerate le meno efficaci in termini di risultati. Si tratta di obiettivi che tendono ad aumentare la percezione del brand sconosciuto agli utenti di Facebook.

In particolare, le campagne di notorietà si dividono a loro volta in:

- Awareness, cioè mostrare le inserzioni ad un pubblico ampio;

- Copertura, cioè limitare il numero massimo di visualizzazioni al giorno, evitando, quindi, di terminare la campagna in pochi giorni.

Le campagne di considerazione, invece, hanno come obiettivo quello di promuovere i contenuti della pagina, facendo interagire gli utenti tra di loro o indirizzarli a siti esterni.

Si dividono a loro volta in:

- Traffico, cioè creare traffico ad un sito esterno a Facebook. Tale strategia è da usare prima delle conversioni perché si deve mostrare agli utenti l'interesse di quel determinato sito;

- Engagement, cioè creare interazione con post, mettere mi piace alla pagina e creare coinvolgimento. È un obiettivo usato per sponsorizzare i contenuti delle varie pagine;

- Installazione app, cioè spingere gli utenti a scaricare delle app;

- Visualizzazione video, cioè sponsorizzare contenuti video e monitorare i risultati per la durata di visione;

- Lead, cioè creare una scheda contatto già precompilata con i dati dell'utente iscritto a facebook, così da rendere più facile l'invio da parte dell'utente;

- Messaggi, cioè promuovere contenuti via Messenger.

Per quanto riguarda le campagne di conversione, lo scopo è quello di portare gli utenti sul sito aziendale, indirizzandoli verso pagine che presentano dei contenuti utili e, in un secondo momento, sviluppare una campagna conversione per portarli alla vendita vera e propria. L'obiettivo conversione si basa sull'uso del pixel facebook collegato al sito aziendale.

Si divide a sua volta in:

- vendita dei prodotti a catalogo proprio di persone, che vendono prodotti tramite e-commerce;

- visite al punto vendita proprio di persone, che hanno un negozio fisico e vogliono attirare potenziali clienti nel punto vendita.

Possiamo concludere dicendo che è molto importante comprendere gli obiettivi delle campagne di facebook business manager perché è il primo punto per avviare un percorso di facebook marketing.

Inoltre, per essere più precisi ed ottimizzare i costi, le campagne devono essere strutturate ed organizzate in modo da creare un percorso marketing definito e graduale.

I contenuti delle inserzioni, infatti, devono essere molto curati dal punto di vista estetico, sia che si tratti di immagini sia che si tratti di video. Questo aiuta la campagna ad avere un riscontro positivo su tutti gli utenti ed i potenziali clienti.

Le campagne pubblicitarie, poi, andrebbero usate una dopo l'altra per fare in modo che la nostra strategia di marketing segua un filo conduttore ben preciso.

Per lanciare una campagna di successo, però, non occorre solo identificare il suo obiettivo, ma il punto di partenza sarà sempre e solo la strategia di marketing e la conoscenza del processo di acquisto dei clienti.

CAPITOLO 6

Monitorare i risultati con il pixel di facebook

Il pixel di facebook è uno strumento basilare che dovrebbero conoscere tutti quelli che vorrebbero guadagnare il massimo dai propri investimenti su facebook ADS.

Viene usato per misurare l'efficacia che ha la pubblicità sui social network, dando il modo per capire tutte le azioni che gli utenti eseguono sul sito web dell'attività stessa.

Viene anche definito come un pezzo di codice da inserire all'interno del sito web e che si attiva tramite i cookie, che servono a seguire le interazioni degli utenti con il sito web dopo aver visualizzato l'annuncio sui social.

Quando un utente visita il sito web e compie un'azione, il pixel di facebook si attiva e registra questa azione, cosicché sarà possibile raggiungere l'utente creando un pubblico personalizzato.

Ovviamente l'uso che viene fatto dei pixel di facebook è vario.

Un uso importante è quello del re-targeting sugli utenti che hanno già interagito con il sito o con facebook ADS, e quindi , grazie al pixel, sarà possibile mostrare ad un futuro cliente l'annuncio che riguarda lo specifico prodotto in questione.

Dalle informazioni rilasciate dal pixel si può costruire anche un pubblico simile, formato da utenti con gusti, interessi ed età simili a quelli degli utenti che hanno già interagito con il sito web, così si potrà scegliere il target giusto per le nostre inserzioni facebook.

Un altro uso che viene fatto del pixel è quello di poter creare campagne su facebook ADS molto più strutturate, rivolte ad un pubblico creato in base alle informazioni che si hanno a disposizione. Più aumenteranno le conversioni sul sito e maggiore sarà la capacità di facebook di mostrare le inserzioni agli utenti.

Inoltre, grazie al pixel, sarà possibile mostrare le inserzioni alle giuste persone, aumentare le vendite e misurare i risultati delle inserzioni.

Installare il pixel facebook è molto facile: occorre disporre di un sito web dedicato alla propria attività e aggiornare il codice.

Una volta che il pixel sarà stato creato bisognerà aggiungerlo al proprio sito, e questo sarà possibile, come abbiamo accennato nei capitoli precedenti, aggiungendo manualmente il codice, sia usando un partner aggiuntivo sia tramite email.

Dopo questa operazione sarà possibile configurare gli eventi per misurare le azioni più importanti in base alle proprie esigenze. Per eventi si intendono quelle azioni eseguite dagli utenti sul sito web.

Gli eventi possono essere standard, cioè azioni predefinite riconosciute e supportate da facebook in tutti i loro aspetti, o personalizzati, cioè azioni che non rientrano tra quelle menzionate negli eventi standard. Tutti gli eventi si possono configurare manualmente oppure usando lo strumento specifico per configurare gli stessi.

Nel primo caso bisognerà accedere alla sezione pixel in gestione eventi, cliccare su configura il pixel, installa eventi usando il codice, cliccare sull'evento che si vuole configurare, monitora evento, ed infine copiare il codice dell'evento ed incollarlo sulla pagina di riferimento.

Nel secondo caso, invece, basterà aggiungere eventi al sito web senza usare codici aggiuntivi.

Quando avremo finito con l'installazione del pixel e degli eventi, possiamo verificarne il corretto funzionamento, e questo potremo farlo durante o dopo la configurazione.

Durante la configurazione è possibile controllare che il codice di pixel sia corretto, verificare di aver aggiunto il codice dell'evento nel luogo giusto, e controllare che tutti i codici siano scritti correttamente.

Dopo la configurazione si può usare lo strumento testa gli eventi per assicurarsi di aver inserito tutti i codici correttamente, e quindi di aver configurato gli eventi nel modo giusto. Si può anche consultare la sezione diagnostica per risolvere eventuali problemi che abbiamo riscontrato nella configurazione.

Con il pixel di facebook, quindi, possiamo ottenere il massimo dal nostro marketing online.

Il nostro consiglio è quello di usarlo per creare campagne più efficaci su facebook e migliorare il target delle inserzioni.

Infatti, grazie alle informazioni fornite dai pixel, sarà possibile creare campagne più efficaci, destinate ad un pubblico creato ad hoc in base alle informazioni che abbiamo a disposizione.

Tra i vantaggi più importanti dei pixel ricordiamo: assicurarsi che le inserzioni siano mostrate alle persone giuste; aumentare le vendite; misurare i risultati delle inserzioni stesse.

CAPITOLO 7

La creazione della campagna

Le campagne pubblicitarie su facebook business manager sono molto valide per arrivare al nostro pubblico e promuovere i prodotti o servizi di più interesse.

La creazione della campagna inizia quando clicchiamo su CREA.

Prima, però, si verifica una sorta di processo di revisione da parte del social network per controllare che tutti gli inserzionisti si attengano al codice etico di facebook.

Come già abbiamo detto, la prima cosa da fare è stabilire un obiettivo per la campagna, il quale deve essere chiaro, semplice ed in linea con tutto.

Una volta stabilito questo, possiamo procedere nel fornire un nome alla campagna, e tale nome può assumere quello del cliente, del sito o della pagina, ed in più dovrà avere un intervallo temporale per specificare fin quando la campagna sarà attiva.

Ora si può passare alla scelta del target sulla base delle informazioni prese dalle ricerche di mercato, dai dati Google o dai clienti stessi.

Esistono tre modi per scegliere il proprio target:

- usare un pubblico salvato, quando volgiamo rivolgerci nuovamente al pubblico che abbiamo usato per campagne precedenti;

- creare uno nuovo per età, genere, lingua, interessi, località geografica;

- affidarsi ad un pubblico simile

Accanto al target, facebook calcola anche una stima della copertura giornaliera, cioè un numero indicativo di persone che potrebbero vedere i nostri annunci ogni giorno.

Quando lanciamo la campagna rivolta ad un pubblico personalizzato, molte persone aggiungono i loro prodotti nel carrello e, successivamente, non completano subito l'acquisto, oppure lasciano la propria email ma non leggono mai la newsletter. Per raggiungere questi utenti esiste il re-targeting, cioè mostrare le inserzioni ad un pubblico, fatto di persone che hanno già interagito con noi. In tal modo potremo convincerle ad acquistare.

Discorso a parte va fatto per il target dettagliato. Questa, infatti, è la sezione più importante della segmentazione su facebook business manager. Ci sono diverse opzioni che possono essere selezionate per riuscire a scegliere una parte di pubblico molto specifica.

Nella fattispecie esistono quattro categorie in particolare:

- dati demografici, tra cui l'istruzione, il lavoro, il reddito e il patrimonio;

- interessi, tra cui lo sport e il fitness, l'intrattenimento e lo shopping, il cibo e il business;

- comportamenti, tra cui le abitudini di acquisto, le attività digitali, gli utenti di dispositivi mobili;

Esistono anche le categorie partner di facebook che si comportano nella stessa maniera di quelle appena citate.

Altro passaggio importante è il posizionamento, ovvero la posizione nella quale l'annuncio viene pubblicato. Questo dipende dall'obiettivo scelto poiché non tutti i posizionamenti sono disponibili per tutti gli obiettivi.

Ci sono due modi:

- posizionamento automatico, lasciare la decisione direttamente a facebook;

- selezione posizionamenti manualmente.

Ora possiamo passare ad impostare il budget: quanto siamo disposti a spendere in pubblicità. Possiamo stabilire un budget giornaliero o un budget totale. Nel primo caso facebook valuterà giornalmente le varie opportunità di successo, e quindi potrà succedere, ad esempio, che in alcuni giorni si spenderà di più rispetto al budget giornaliero, e in altri di meno. Nel secondo caso, invece, facebook calcolerà la spesa media di ogni giorno.

Definito il budget, possiamo programmare la pubblicazione degli annunci per determinati giorni ed orari della settimana e definire la tipologia di pianificazione, che può essere:

- standard, quando il budget viene usato per avere risultati durante tutta la programmazione della campagna ;

- accelerata, quando il budget si esaurisce subito per avere dei risultati nell'immediato.

L'ultimo passaggio, prima di pubblicare una campagna, riguarda la creazione degli annunci:

- selezionare la struttura che dovrà avere l'annuncio;

- aggiungere un'esperienza a tutto tondo;

- inserire le immagini, i testi, gli URL delle pagine di destinazione.

Adesso basterà fare clic su continua e aspettare la revisione di facebook.

Qualora la nostra inserzione verrà approvata, la potremo visualizzare nella data scelta nella fase budget.

Se, invece, facebook dovesse respingere l'inserzione, ci verrà comunicato per apportare le opportune modifiche.

Inoltre, tale piattaforma, ci fornisce delle statistiche sulle campagne che abbiamo attivato sul nostro profilo.

Queste statistiche sono divise su due livelli:

- statistiche a livello di campagna, dove si potranno controllare diversi parametri, tra cui le prestazioni generali, i dati demografici, il posizionamento;

- statistiche a livello di inserzione, dove si potranno controllare i parametri come il risultato, la copertura, il costo per il risultato, il budget speso, la valutazione assegnata, le visualizzazioni dei video.

Facciamo anche una breve analisi sugli errori che andrebbero evitati quando si crea una campagna, come il non portare pazienza. Quando facciamo pubblicità i risultati non arrivano subito e ci vorrà un po' di tempo prima di avere riscontri positivi. Bisogna evitare di modificare continuamente i nostri annunci perché questo rallenterà ancora di più il processo. Importare è eseguire un'analisi dettagliata per evitare di sbagliare gli investimenti, e ovviamente, per fare ciò, dovremo stilare un piano marketing più che efficiente per pianificare in modo dettagliato tutti i vari step della nostra campagna. Cercare di non volere a tutti i costi l'attenzione di tutti ma di segmentare il nostro pubblico di riferimento, mettendoci nei panni degli stessi per capire a fondo cosa il nostro pubblico voglia davvero visualizzare. Quindi, sulla base di queste informazioni, sarà possibile fare le dovute scremature. Non puntare tutto sulla vendita perché potrebbe essere controproducente: il potenziale cliente va aiutato ad acquistare in modo delicato, evitando di andare subito al sodo, ed è necessario coinvolgerlo in tutti i modi ed informarlo, anche perché così riusciremo a trasmettere credibilità e professionalità. I nostri annunci non devono contenere troppe informazioni e non devono infastidire, ma devono cercare di essere il più possibile essenziali e coincisi. In questo senso, molto spesso, l'impatto visivo è molto più importante, soprattutto quando si tratta di immagini di qualità e di video. Qui, infatti, non è presente troppo testo e si può dare ampio spazio alla nostra creatività per riuscire a conquistare i nostri clienti, e si potrà anche usare un titolo che incuriosisca e invogli a cliccarci sopra nell'immediato.

Fondamentale anche pensare ad una landing page efficace, cioè quella pagina sulla quale arriveranno i clienti quando cliccheranno sull'annuncio. Questa pagina dovrà essere attraente, accattivante, ed in linea con ciò che stiamo offrendo e promuovendo.

Infine, un errore che spesso facciamo quando creiamo le nostre campagne è quello di controllare continuamente le statistiche. I dati di ogni campagna sono importanti per capire i problemi da risolvere ma, a volte, questo errore viene commesso per pigrizia o scarsa conoscenza, nel senso che non si conosce perfettamente lo strumento con cui monitorare le campagne. All'interno del pannello di gestione delle inserzioni ci vengono mostrati alcuni dati, e starà a noi personalizzare le colonne per poter vedere ulteriori informazioni sulle campagne. Infatti sarà proprio da queste informazioni che potremo capire i nostri errori e porci rimedio.

È importante conoscere tutti gli errori che spesso tendiamo a commettere in modo inconsapevole, cosicché potremo essere più attenti ed usare tutte le armi a nostra disposizione per avviare una campagna nel migliore dei modi.

CAPITOLO 8

La creazione del gruppo di annunci

Facebook business manager offre una vastità di formati di annunci per la pubblicazione degli stessi.

Così come per gli obiettivi, possiamo dividere i formati degli annunci in diverse categorie, in base allo scopo che si vuole raggiungere.

Le categorie più importanti sono:

- traffico e contatti;

- vendite e contatti per prodotti o servizi;

- like e interazioni;

- installazione di app;

- visite al negozio fisico o eventi.

Nella prima categoria troviamo le inserzioni con link cliccabile, ovvero un tipo di annunci usati per indirizzare il traffico verso un post del blog o verso una pagina e le inserzioni video che funzionano come quelle cliccabili, ma dovremo pagare per far sì che le persone guardino quel determinato video. Questi annunci vengono usati per mostrare come funziona il prodotto o servizio e per aumentare le possibilità di vendita. Infine, qui troviamo anche le inserzioni in evidenza che vengono usate per raggiungere tutte quelle persone che hanno già messo il like alla nostra pagina, e vengono usati anche a scopo di marketing.

Nella seconda categoria parliamo di annunci fatti per la vendita diretta o per l'acquisizione di leads. Quindi parliamo del carosello: un annuncio che ci permette di pubblicizzare fino a dieci immagini, insieme anche a video, titoli e link. Questi tipi di annunci vengono usati in particolar modo per i siti di e-commerce, in modo tale da poter visionare più di un prodotto o più di un catalogo. Vengono usati anche per raccontare in modo più dettagliato e completo ciò che vogliamo vendere o promuovere.

In questa categoria troviamo anche le inserzioni dinamiche di prodotti del catalogo, cioè annunci che possono essere singoli o a carosello. Con questi annunci aumentano le conversioni. E ancora, troviamo, le inserzioni per l'acquisizione di contatti, cioè annunci fatti per permettere agli utenti di lasciare i propri dati senza dover uscire necessariamente da facebook. Questo è un metodo valido per ottenere le mail di potenziali clienti e iniziare le campagne.

Le inserzioni Canvas, invece, sono annunci interattivi. Gli utenti così possono scorrere tra diverse immagini, ruotare l'immagine e fare zoom.

Infine le inserzioni collezione, che ci permettono di fare visionare una collezione intera di prodotti.

Per quanto riguarda la categoria inserzioni per like e interazioni, esistono quattro tipologie studiate apposta per ottenere più like alla pagina.

Queste sono:

- Inserzione per like alla pagina, cioè annunci che vengono usati appunto per ottenere più like possibili alla pagina;

- Inserzione per like alla foto, annunci molto simili ai primi;

- Inserzione per like con video, cioè annunci capaci di attirare l'attenzione ed incuriosire;

- Inserzione per like testuale; cioè un semplice annuncio di testo.

Nella categoria di installazione di app mobile e desktop troviamo:

- gli annunci per app mobile disponibili solo per i dispositivi mobili, presentano tassi di conversione elevati poiché con un semplice clic gli utenti vengono indirizzati direttamente allo store per scaricarla. Si possono anche creare annunci in base alla piattaforma su cui si trovano;

- gli annunci per app desktop sono annunci usati solo se promuoviamo un'app di facebook;

- gli annunci per app instagram sono annunci che funzionano come quelli per dispositivi mobili, ma che sono visualizzati solo su Instagram.

Nell'ultima categoria parliamo di un tipo di annunci studiati per attirare le persone verso il nostro negozio fisico o verso un nostro evento.

Esistono tre tipologie in particolare:

- Inserzioni per eventi, per promuovere tutti gli eventi che creiamo su facebook;

- Inserzioni con offerta, per offrire agli utenti degli sconti o dei coupon da usare anche nel nostro negozio;

- Inserzioni per promuovere l'attività a livello locale, per creare degli inviti particolari o per spingere gli utenti a contattarci o per richiamare persone che si trovano attualmente vicino al nostro negozio.

Quindi, per avviare la nostra prima campagna pubblicitaria su facebook, ci basterà andare nella sezione gestione annunci, e da qui scegliere un obiettivo di marketing e il nome della campagna. Ricordiamoci che tale campagna potrà contenere più gruppi di inserzioni, ognuno dei quali potrà contenere più annunci.

Inoltre, il facebook business manager ci offre la possibilità di creare dei pubblici personalizzati, partendo dalla lista dei nostri clienti.

Infatti, è possibile crearlo trovando sul social tutti quegli utenti che hanno avuto contatti con la nostra azienda, oppure creare un pubblico simile trovando nuovi utenti potenzialmente interessati.

Tra i pubblici personalizzati che possiamo creare ci sono:

- sito web, ovvero richiamare i visitatori dal sito e mantenerli per un massimo di 180 giorni;

- elenco clienti, ovvero caricare liste di indirizzi email, numeri di telefono, facebook id;

- attività nelle app, ovvero richiamare chi ha già usato l'app;

- video, ovvero richiamare chi ha visualizzato un video per almeno tre secondi consecutivi;

- profilo Instagram business, ovvero richiamare chi ha interagito con l'account instagram del nostro brand;

- modulo per l'acquisizione contatti ed esperienza interattiva, cioè richiamare chi ha interagito con questi due strumenti;

- eventi, ovvero richiamare chi ha interagito con gli eventi, ha visitato le pagine, ha iniziato l'acquisto;

- pagina facebook, ovvero richiamare chi ha interagito con la stessa.

I pubblici personalizzati ci permettono di raggiungere persone che già ci conoscono, e di dividerle in base alle proprie azioni o preferenze.

Per quanto riguarda i posizionamenti, questi possono variare in base all'obiettivo scelto della campagna, ma non per tutti gli obiettivi sono disponibili tutti i posizionamenti.

Ci sono due possibilità:

- posizionamento automatico;
- posizionamento manuale.

E poi quattro grandi categorie di posizionamento:

- Facebook;
- Instagram;
- Audience network;
- Messenger.

Oltre a queste categorie, abbiamo la possibilità di decidere se la nostra pubblicità debba essere vista solo su desktop, solo su mobile o su tutti e due.

Per quanto riguarda facebook, i posizionamenti più importanti riguardano:

- Sezione notizie, dove gli annunci vengono visualizzati nella bacheca;

- Colonna di destra, dove gli annunci vengono visualizzati solo da PC e compaiono nella sezione destra della homepage;

- Instant article, gli annunci vengono visualizzati all'interno di articoli;

- Marketplace, dove gli annunci vengono visualizzati sul cosiddetto mercatino di facebook;

- Feed video, dove gli annunci vengono visualizzati dalle persone che navigano nella sezione video;

- Storie di facebook, dove gli annunci vengono visualizzati tra le storie degli utenti;

- Video in streaming di facebook, dove gli annunci vengono visualizzati nei video in diretta.

Data la crescita esponenziale di aziende che intendono fare pubblicità su Facebook, i posizionamenti continueranno ad aumentare sempre di più.

Occorre sempre ricordare di prestare attenzione alle varie performance di ogni singolo posizionamento e che, ovviamente, questo possa variare in base al pubblico, all'obiettivo della campagna e alla campagna stessa.

Questo aiuterà ad allocare le risorse al meglio nelle campagne future.

Inoltre, la scelta di alcuni posizionamenti comporta anche diversi adattamenti grafici dell'immagine scelta per la campagna pubblicitaria. Infatti, ogni posizionamento su facebook ha dimensioni dell'immagine, proporzioni e requisiti diversi. Per questo esiste l'opzione di un adattamento automatico, facendoci risparmiare tantissimo tempo e denaro.

Procedere con un giusto posizionamento renderà gli annunci più accattivanti e coinvolgenti, ma l'importante è sempre monitorare il tutto.

CAPITOLO 9

La creazione dell'annuncio

Prima di creare un annuncio, bisogna capire come si comporta l'algoritmo di facebook. Questo è importante perché in grado di trovare gli annunci che esprimono un'ottima esperienza all'utente. Impostando in modo corretto la nostra campagna pubblicitaria, potremo ottimizzare al meglio il nostro budget. L'algoritmo ha ragione di esistere perché qualunque cosa noi decidiamo di mettere in atto per fare pubblicità su facebook non dovrà monopolizzare quella determinata opzione, altrimenti gli utenti non torneranno più o comunque limiteranno la propria permanenza sulla piattaforma.

I nostri annunci dovranno essere interessanti per aumentare la fidelizzazione degli utenti e migliorare la loro permanenza all'interno del social network.

Facebook permette a tutti di vedere gli annunci a pagamento in esecuzione su una pagina. Questa funzione è molto utile per sfruttare le informazioni a proprio vantaggio.

Nella sezione creazione dell'annuncio possiamo caricare sia immagini che video. I video tendono a superare le immagini, quindi rimane sempre l'opzione più vincente.

Inoltre, è possibile anche creare una sequenza di annunci su facebook in base al nostro imbuto di email marketing. Gli imbuti di vendita comprendono delle sequenze di email prescritte, che vengono consegnate in determinati giorni.

Per creare una sequenza dinamica di annunci, bisogna rispettare alcune regole:

- il gancio, ovvero attirare il cliente ideale e dargli valore attraverso dei contenuti offerti gratuitamente, e che andranno a guidare il cliente verso la scelta migliore;

- annuncio di nurturing, che andrà visionato da tutti quelli che sono rimasti impressi dal primo annuncio. Si usa questo annuncio per dare ancora più valore agli utenti;

- annuncio Testimonial, tramite cui raccontare ai clienti le soluzioni che possiamo offrire;

- annuncio ask ADS, ovvero fornire un'offerta che sia in grado di soddisfare le esigenze dei nostri potenziali clienti

Per attirare le persone, che si sono impegnate con i nostri post sui social negli ultimi tre mesi, dobbiamo impostare un annuncio con obiettivo conversione a persone, che sono simili a quelle che hanno già acquistato in base alla loro età, luogo, interessi, valori e altro.

Fatto ciò, per aumentare ancora di più la fiducia delle persone che hanno visitato il sito web, possiamo usare casi di studio e testimonianze.

I casi di studio si basano su storie personali e forniscono informazioni dettagliate, le quali convincono gli utenti del valore esistente di quel determinato prodotto.

Le testimonianze, invece, sono testimonianze di persone simili al nostro pubblico, tipo sul perché quel determinato prodotto li abbia aiutati a trovare delle soluzioni ai problemi.

Si possono anche fornire delle prove, una demo o uno sconto, che andranno a confermare il funzionamento del prodotto o servizio.

Si può usare la creatività per realizzare annunci diversi a seconda del pubblico in cui si va ad operare, rimanendo comunque fedeli al marchio e al brand proposti.

La varietà degli annunci e la loro creatività cambieranno in base al format che si vuole proporre: una campagna, che vuole promuovere i like per un post o che tenta di aumentare il numero di fan, avrà un aspetto diverso da un'altra che invece vuole sponsorizzare il sito del brand o la pagina stessa.

In tal contesto, un esempio tipico è il carosello di foto, cioè un formato che include dalle tre alle cinque immagini e/o video in un unico annuncio. Questo è un formato molto utile perché permette di presentare più prodotti legati a diverse pagine, mette in evidenza più caratteristiche che riguardano quel prodotto, racconta una storia legata al brand o spiega il processo di creazione, e promuove diversi vantaggi. Esistono però anche dei difetti circa il carosello, e cioè:

- pubblicare post in modo casuale e disordinato senza seguire un filo conduttore, e senza individuare un giorno in cui promuovere il prodotto;

- pubblicare saltuariamente, con questo metodo che non aiuta i fan ad instaurare un rapporto con il brand, e non viene aiutato l'algoritmo di facebook a rendere più semplice la campagna;

- usare una punteggiatura scarsa o infantile, poiché non si comunica professionalità e credibilità;

- scrivere tutto in maiuscolo,dato che è scorretto ricorrere a questo metodo;

- commettere errori grammaticali o sintattici, poiché fare questo tipo di errori equivale ad intaccare la propria professionalità e la credibilità;

- inserire contenuti visivi senza testo didascalico, poiché così facendo non viene instaurata un certo tipo di interazione con gli utenti;

- pregare o scongiurare i propri fan, perchè si rischierebbe solo di fare una brutta figura;

- essere spammy, cioè non pubblicare un annuncio ogni due secondi, ma piuttosto puntare sempre sulla qualità delle prestazioni;

- non fare test per tenere sotto controllo il rendimento;

- rubare contenuti o idee altrui e farle proprie.

Parlando della parte pratica, creare un annuncio su facebook business manager è molto semplice. Basterà fare clic sul pulsante crea annuncio e scegliere tra i diversi obiettivi pubblicitari.

Possiamo modificare i nostri annunci anche contemporaneamente nel caso si tratti di più annunci insieme.

Facebook business manager ci offre anche la possibilità di filtrare e cercare specifici annunci o gruppi di annunci:

- ricerca;

- filtri;

- intervallo di date;

- livello di annuncio.

Per creare annunci più efficaci potremmo aver bisogno di analizzarne il rendimento dei singoli annunci pubblicati. Facebook business manager dà la possibilità di compiere il drill down su ciascuno di essi, fornendo informazioni dettagliate.

Ciò che può determinare, il successo o il fallimento di un annuncio, non è l'annuncio stesso ma il targeting del pubblico o l'offerta, quindi, nel caso in cui non dovessimo ottenere dei risultati, dovremo modificarne prima uno di questi.

Per creare un annuncio di re-targeting avremo bisogno semplicemente di un pixel attivo e di due conversioni personalizzate, ovvero l'aggiunta di un prodotto nel carrello e l'avvenuto acquisto.

Non sarà importante quanto la nostra offerta sia buona, quanto la nostra immagine o video sia capace di attirare l'attenzione o quanto sia valido il testo di un annuncio. Qualora mostrassimo il nostro annuncio alle persone sbagliate, semplicemente non troveremmo effetti positivi. Il pubblico è sempre la prima cosa da dover testare.

Per ottimizzare i nostri annunci bisogna controllare alcuni parametri quali:

- report pubblicitari;

- creatività negli annunci;

- frequenza degli annunci;

- Test a/b;

- localizzazione;

- stagionalità;

- testo degli annunci.

Il nostro consiglio, almeno inizialmente, è quello di inserire una sola immagine o un solo video per ogni annuncio e, per risultare più veri, usare le nostre stesse immagini piuttosto che rivolgerci a quelle proposte dal social; usare un titolo persuasivo che attiri l'attenzione del pubblico; inserire un testo semplice con brevi descrizioni del prodotto che vogliamo promuovere; scegliere la giusta call to action che potremo aggiungere ad ogni annuncio.

Ricordiamo che il nostro annuncio dovrà essere approvato da facebook, e lo stesso dovrebbe essere inserito sempre e solo in un canale. Infine, potremo monitorarne i risultati cercando di avere pazienza, perché ci vorrà tempo prima di raccogliere risultati adeguati.

Per quanto riguarda, invece, il carosello di instagram, bisogna spendere due parole a riguardo. Sappiamo bene che inizialmente era possibile pubblicare una solo storia per inserzione. Oggi, invece, grazie al formato carosello, si potranno pubblicare più contenuti consecutivi in un annuncio sulle stories.

Con questa novità, instagram vuole aumentare le sue entrate pubblicitarie, considerando anche la quantità di aziende che usano le storie per promuovere i propri prodotti. Il carosello di instagram può anche essere usato per promozioni e spot di diverso genere. Il carosello di instagram non è nient'altro che un post che contiene più foto o immagini. Può essere sviluppato in modo creativo oppure no, e offre agli utenti il modo di scorrere sulle immagini visualizzate per vedere cos'altro propone lo stesso post. Questi caroselli vengono usati principalmente per fare pubblicità, proprio perché il loro scopo è quello di attirare la gente. I caroselli di instagram possono essere salvati. Per avere un certo successo e fare in modo che la funzione carosello venga usata sul nostro profilo, dovremo cercare di pubblicare post di qualità, farlo in modo frequente e negli orari in cui le persone abbiano più voglia di interagire. Inoltre dovremo lavorare molto sulla nostra originalità per distinguerci dagli altri e attirare l'attenzione.

Qualora volessimo avere dei risultati in tempi brevi dovremo rivolgerci a dei professionisti del settore.

CAPITOLO 10

La scelta del budget

Non esiste una regola precisa su quanto si dovrebbe spendere per fare pubblicità su facebook. La spesa sarà decisa di volta in volta dagli obiettivi che si vogliono raggiungere, dal tipo di prodotto che vogliamo promuovere, e dal target verso cui sarà indirizzata la nostra campagna.

Questo, però, non significa che non sia possibile seguire delle regole che possano aiutare a gestire al meglio le risorse destinate a queste attività.

Solitamente chi è alle prime armi tende ad impostare un budget totale poiché lo trova più rassicurante. Se selezioniamo una data di inizio e di fine, facebook si occuperà di dividere il budget in parti uguali per il numero di giorni impostati. Arrivati alla fine non sarà però possibile fare ripartire la campagna.

Se la campagna finisce senza aver apportato modifiche da parte nostra, ci sarà il rischio di perdere un'inserzione magari ottimizzata.

Da questo punto di vista sarebbe meglio usare il budget giornaliero, e quindi controllare di giorno in giorno l'andamento della pubblicità.

Quando impostiamo una campagna possiamo selezionare le fasce orarie e i giorni in cui il nostro annuncio sarà attivo, e questo solamente nel caso in cui si scelga il budget totale. Lasciando la pubblicità sempre attiva per un dato periodo di tempo, lo stesso facebook si occuperà di mostrare la pubblicità e di spendere il nostro budget nei momenti in cui gli utenti saranno maggiormente connessi e attivi.

La massima priorità va sempre data al costo per risultato e a tutti quei risultati legati ai nostri obiettivi di business.

Esistono, comunque, delle strategie che possiamo usare per stabilire il costo di una campagna:

- campagna pilota, che viene usata quando non abbiamo assolutamente nessuna idea circa i costi di una campagna. Per creare una campagna pilota basterà assegnare un budget ridotto alla campagna per un periodo limitato di tempo, in modo da avere un costo per risultato di partenza che useremo per stimare il budget, e che dovrà essere ottimizzato durante la campagna stessa. Con questa strategia avremo un'idea dell'investimento che dovrà essere fatto per l'azienda, ma non tiene conto dei costi sostenuti per gli annunci delle singole prestazioni;

- analisi e storico delle campagne per quantificare il budget per le campagne di facebook, che viene usato per capire quanto potremo spendere in futuro con le campagne. Analizzare lo storico delle campagne pubblicitarie passate ci dà la possibilità di migliorare laddove esistono criticità. Lo svantaggio però risiede nel fatto che non sempre le prestazioni passate saranno le stesse del futuro. Per capire quanto poter spendere in futuro, soprattutto per un brand che non ha mai fatto campagna, sono efficaci gli studi di settore che ci daranno una base di partenza per capire su quali prestazioni puntare. Lo svantaggio dello studio di settore può riguardare quelle attività che offrono prestazioni in contesti differenti dal nostro. Altri metodi sono i case study e il facebook campaign planner. Il primo ci permette di comprendere se il percorso usato da un'azienda simile alla nostra possa essere adottato anche per noi. Lo svantaggio, però, risiede nel fatto che ciò che ha funzionato per alcuni non è detto che vada bene per tutti. Il secondo metodo è disponibile solo per gli inserzionisti che hanno usato lo strumento di acquisto, basato sulla copertura e frequenza.

Nella fase di creazione di una campagna, Facebook ci darà alcune stime sui possibili risultati che potremo aspettarci in base alla modifica di alcuni parametri come il pubblico, il budget investito e i posizionamenti scelti. Il budget varierà in base al settore in cui operiamo e al servizio o prodotto che offriamo, al fattore competitivo e alla saturazione del mercato di riferimento, al modello di business e agli obiettivi che ci prefissiamo di voler raggiungere.

Il budget da investire, inoltre, è una delle metriche fondamentali che facebook usa per decidere se mostrare o meno le nostre inserzioni al pubblico. In tal senso, facebook si avvale di un sistema aste per scegliere gli annunci migliori e selezionare il pubblico al quale esporle.

Oggi esistono migliaia di aste che ogni secondo si attivano sulla piattaforma, e probabilmente ognuno di noi ci ha partecipato inconsapevolmente. Vengono usati degli specifici parametri per determinare quale sia l'annuncio migliore:

- l'offerta, cioè quanto si sia disposti a pagare per scegliere l'obiettivo di business;
- tassi di azione stimati;
- pertinenza e qualità dell'annuncio.

Facebook usa il proprio algoritmo sia per valutare il proprio annuncio sia per selezionare il miglior utente, e alla fine l'annuncio migliore vince l'asta.

Anche se si facesse un'offerta alta, si potrebbe perdere l'asta qualora l'annuncio non fosse pertinente o interessante per il pubblico scelto.

Una previsione del budget da investire in una campagna sui social può essere fatta anche usando il proprio modello di business.

Diciamo che, solitamente, facebook tende a distribuire in modo intelligente il budget tra i vari gruppi di annunci, con lo scopo di ottenere più conversioni possibili. Quindi abbiamo la possibilità di scegliere tra costo inferiore, costo inferiore con limite dell'offerta, e costo desiderato.

Facciamo alcuni esempi di campagne che ci possano aiutare a capire e definire al meglio il budget corretto.

Per quanto riguarda il budget di un e-commerce si può dire che sia molto costoso.

Per questo tipo di pubblicità, non si spende meno di 20 euro al giorno e non si imposta una campagna inferiore ai 30 giorni. L'ideale sarebbe definire una doppia campagna con pubblico diverso e capire quale delle due sia quella più accattivante e, quindi, ripetibile nel tempo.

Per la lead generation, sarà necessario spendere intorno ai 10 euro al giorno, mettendo da parte anche una cifra per un eventuale campagna di re-targeting per un periodo non inferiore ai 30 giorni.

Per la brand awareness si può usare un budget ridotto, visto che l'unico scopo è quello di far conoscere il brand ai soli utenti di facebook. In questo caso c'è anche la determinata geografica: iniziare una campagna in metropoli ovviamente comporterà costi maggiori rispetto ad una piccola cittadina.

In conclusione, definire un budget non è affatto semplice e, soprattutto, occorre effettuare molte valutazioni.

Alla base di una buona strategia esiste il bisogno di creare una campagna con un orizzonte temporale ampio, e la bravura nell'imprenditore di comprendere la concorrenza del proprio settore, adottando così delle strategie mirate.

In realtà ci sono due modi molto semplici per definire il costo degli annunci su facebook business manager, l'offerta e il budget.

Ed in particolar modo il budget può essere:

- budget giornaliero, ovvero l'importo medio che siamo disposti a spendere giorno per giorno per una campagna;

- budget a vita, ovvero l'importo che siamo disposti a spendere durante tutta la campagna.

L'offerta, invece, è l'importo che siamo disposti a spendere per ottenere un determinato posizionamento di quel determinato annuncio. Se non scegliamo un'offerta, facebook calcolerà automaticamente una qualsiasi in base al budget scelto da noi durante la campagna.

Quando si pensa ai costi su facebook business manager, dobbiamo tenere in mente due punti importanti.

In primis, pagheremo solo un centesimo in più rispetto all'offerta della nostra competizione più diretta.

In secondo luogo, i costi della pubblicità potranno fluttuare e anche di molto. Quindi dovremo sempre controllare i costi degli annunci su facebook in modo da attuare la strategia migliore.

Solo adottando questi accorgimenti sarà possibile definire un giusto budget, che potrà generare un ritorno sull'investimento più che soddisfacente.

Come abbiamo visto, una campagna su facebook business manager può avere costi differenti, quindi, l'unico modo per sapere quali saranno effettivamente i costi sarà quello di provarlo direttamente, ricordando sempre che esistono dei fattori comuni che influenzano il costo dei nostri annunci su facebook.

Questi fattori sono:

- pubblico di riferimento;

- obiettivo di marketing;

- competitor;

- quando si fa la pubblicità;

- posizionamento degli annunci;

- punteggio di valutazione.

Per ridurre i costi della pubblicità su facebook possiamo fare dei test, concentrarci su un solo obiettivo alla volta, mantenere sempre alti i punteggi di valutazione, mantenere bassi i punteggi di frequenza, aggiornare i nostri annunci, selezionare un pubblico di riferimento per le nostre campagne, usare il re-targeting e il re-marketing, limitare le nostre offerte.

EPILOGO

Dopo aver illustrato e guidato, passo dopo passo, nella creazione della pagina aziendale e degli annunci pubblicitari, potremo sfruttare al meglio tutte le potenzialità di questo social network sia a livello di visibilità che del numero di utenti giornalmente attivi e potenzialità puramente commerciali.

Per guadagnare soldi da facebook, basta trovare un prodotto unico e mostrarlo nel format migliore ad un pubblico ideale.

Come per tutte le cose di questo livello, occorrerà avere pazienza e formarsi adeguatamente sempre, dato che si tratta di un mondo in continua evoluzione.

www.ingramcontent.com/pod-product-compliance
Lightning Source LLC
Chambersburg PA
CBHW070435220526
45466CB00004B/1683